Constanze Thiel

Dekorationsideen aus Wabenpapier

ENGLISCH VERLAG

Die Deutsche Bibliothek - CIP-Einheitsaufnahme
Dekorationsideen aus Wabenpapier / Constanze Thiel. - Wiesbaden: Englisch, 1998
ISBN 3-8241-0806-2

ISBN 3-8241-0806-2

Fotos:Frank Schuppelius
Printed in Spain

Inhaltsverzeichnis

Dieses Buch widme ich meinem Sohn Tobias.

Vorwort

Hallo Bastelfreunde - da ist es nun - das Bastelbuch zum Thema Dekorationsideen aus Wabenpapier.
Viele neue Figuren und Dekorationsteile warten darauf, von Ihnen gefertigt zu werden.
Sie kennen Wabenpapier noch nicht? In diesem Büchlein finden Sie reichhaltige Anregungen mit genauen Beschreibungen und Schnittmustern in Originalgrößen um dekorative, schöne oder lustige Dinge aus Wabenpapier herzustellen. Die Plastizität und Leichtigkeit des Materials fasziniert immer wieder und regt stets zu neuen Formen und Ideen an.

Überraschen Sie Ihre Gäste doch einmal mit einer Tischdekoration aus Wabenpapier zum Käsefondue oder verschenken Sie zum Geburtstag ein Glücksschweinchen anstatt der obligaten Glückwunschkarte. Überall wird man Sie für Ihre originellen Einfälle loben ...
Viele schöne Stunden beim Basteln wünscht Ihnen

Ihre Constanze Thiel

Material und Werkzeug

Materialeinkauf

- 30-lagiges Wabenpapier mit einem Abstand von 2 cm
- farbiger Fotokarton und kleinere Hilfsmittel je nach Arbeitsanleitung
- eine scharfe Bastelschere mit langer Schnittfläche (ca. 10 cm)
- eine kleine Nagelschere
- ein Cutter
- ein Lineal
- ein Geodreieck
- Bleistifte
- ein schwarzer dünner Filzstift oder Tuscheschreiber
- eine Schneidunterlage oder ein dicker Bogen Graupappe
- für einige Motive ist ein Schneidezirkel von Vorteil, jedoch nicht unbedingt erforderlich
- Radiergummi (ohne Schmirgelstoffe)
- Weißleim
- Fixogum (Spezialkleber)
- eine Stricknadel oder ein langes dünnes Hölzchen
- zwei Falzbeine, alternativ zwei saubere Eisstiele
- dünner Nylonfaden für Mobiles (gibt es besonders günstig in verschiedenen Farben im Anglerbedarf)
- Transparentpapier, Graphitpapier (im Fachgeschäft für Zeichenbedarf)

Grundanleitung

Zu Beginn jedes Motives ist eine Materialliste aufgeführt, danach folgt eine Angabe über die Originalgröße des Teiles. Diese Informationen sollen Ihnen helfen, bedarfsgerecht einzukaufen. Legen Sie beim Basteln eine Restetüte an, in der Sie größere Kartonreste aufbewahren - so erhalten Sie nach und nach einen großen Vorrat an verschiedenen Farben und müssen nicht immer einen neuen Bogen kaufen, wenn nur ein kleines Stück einer Farbe benötigt wird.

Für alle in diesem Buch aufgeführten Modelle wurde 30-lagiges Wabenpapier mit einem Wabenabstand von 2 cm verwandt.

Bei anderem Wabenpapier kann das Ergebnis unterschiedlich ausfallen, die Wabenlinien der Schablonen können dann nicht übernommen werden. Verteilen Sie in solchen Fällen die Wabenlinien sinngemäß der Vorlage. Manche Figuren brauchen am Rand eine Wabenlinie, andere sind zentrisch, d.h. von der Mitte her aufgebaut - da hilft dann nur ausprobieren.

Klebstoff

Zur Herstellung der Modelle benötigen Sie zwei verschiedene Klebstoffarten. Einerseits einen Weißleim für starre Verklebungen, wie z.B. Ponal oder Uhu-Coll o.ä., andererseits einen möglichst „trockenen" Kleber. Am besten eignet sich hierfür Fixogum, notfalls kann auch ein Klebestift (Pritt oder Uhu usw.) genommen werden. Fixogum kann im Direkt- oder Kontaktklebeverfahren angewandt werden - bitte beachten Sie hierzu die Packungsbeilage des Produktes.

Schablonen

Sämtliche für die Bastelarbeiten benötigten Teile stehen Ihnen auf den Vorlagebögen in Originalgröße zur Verfügung.
Zum Erstellen der Schablonen stehen diverse Techniken zur Wahl: Am schnellsten geht es mit dem Fotokopierer - die Kopie kann dann entsprechend ausgeschnitten werden. Einige Teile können auch direkt mit Graphitpapier auf den Karton übertragen werden, ohne dass vorher eine Schablone angefertigt wird. Leider hat man bei dieser Methode oft einen höheren

Materialverbrauch, da die Teile nicht so platzsparend platziert werden können wie bei der Schablonentechnik, man spart jedoch einen ganzen Arbeitsgang.
Graphitpapier ist ein spezielles Blaupapier auf Bleistiftbasis, welches mit einem Radiergummi wieder entfernbar ist, und kann in Geschäften für Zeichenbedarf erworben werden.

Für die Wabenpapierteile sollten Sie in jedem Fall eine Schablone anfertigen, auf der auch die Wabenlinien markiert sind. Der Verlauf der Wabenlinien ist von entscheidender Bedeutung für das spätere Aussehen der Figuren.

Zuschneiden

Die Kartonteile können je nach Art entweder mit der Schere oder dem Cutter und Lineal ausgeschnitten werden.
Beim Zuschneiden des Wabenpapieres ist Folgendes zu beachten: Legen Sie die Wabenpapierschablone immer so an, dass sich die Linien mit dem Wabenverlauf decken oder, bei Wabenpapier mit anderen Wabenabständen, parallel dazu verlaufen.
Führen Sie stets den Daumen mit der Schnittkante, besonders zum Ende des Schnittes hin. Die Papierlagen tendieren dazu, sich zum Schluss durch den Druck der Schere seitlich zu verschieben. Die Schnittkante muss später durch alle

Lagen Seidenpapier senkrecht verlaufen - etwaige Überstände von der ersten zur letzten Lage müssen stets vor dem Zusammenkleben begradigt werden.

Betrachten Sie hierfür das Werkstück von beiden Seiten. Bei mehrlagigen Figuren müssen auch die Teile untereinander abgeglichen und alle Wabenlinien so auf eine gemeinsame Höhe gebracht werden. Manchmal kann man das Wabenpapier nicht mit einem Schnitt durchtrennen. Setzen Sie den Cutter oder die Schere nochmals an, wenn Sie Materialwiderstand verspüren. Reißen Sie niemals das Wabenpapier, denn das Motiv ist sonst verdorben.

Teilen von Wabenpapier

Bei einigen Motiven wird nicht die volle Wabenpapierstärke benötigt.
In solchen Fällen wird eine Lage Wabenpapier geteilt.
Dehnen Sie den zu teilenden Abschnitt auf seine volle Länge und legen Sie durch Abzählen der offenen Rhomben den abzutrennenden Teil fest. Fahren Sie mit einem Falzbein oder einer Stricknadel an der entsprechenden Stelle mittig durch das Motiv. Spannen Sie das Papier mit Daumen und Zeigefinger vor und hinter dem Falzbein flach auf dem Tisch und bewegen Sie mit der anderen Hand das Falzbein waagerecht ruckartig durch das Papier. Trennen Sie so das ganze Motiv auf. Sollte Ihnen beim Trennen eine Lage Seidenpapier schräg einreißen, entfernen Sie nachträglich die komplette Papierlage. Im verarbeiteten Zustand entspricht jede Lage einem halben Rhombus.
Für Figuren bis zu einem Durchmesser von 6 cm reicht eine Lage Wabenpapier, um das Teil rund zu schließen. Größere Figuren benötigen mehr Stärke und Halt. Manchmal ist es jedoch ratsam, auch bei kleineren Motiven die Lagen zu doppeln, um so eine größere optische Dichte zu erhalten.

Verkleben mit Kartonmittellage

Für manche Teile ist zur Fertigung eine Kartonmittellage erforderlich, bei anderen kann sie auf Wunsch ebenfalls eingefügt werden. Die Mittellage entspricht dem Querschnitt einer Wabenpapierfigur und kann durch das Doppeln der Wabenpapierschablone erzeugt werden. Zeichnen Sie die

Mittelachse auf beiden Kartonseiten ein - entlang dieser Linie verläuft die Rotationsachse des Wabenpapiers. Als Rotationsachse wird die Kante des Wabenpapiers bezeichnet, um die herum das Papier aufgefächert wird. Die Rotationsachse ist auf den Schablonen mit einer Strich-Punkt-Linie gekennzeichnet. Werden je Seite mehr als eine Lage Wabenpapier verarbeitet, kleben Sie diese gemäß der jeweiligen Angabe der Bastelanleitung zu einem Päckchen zusammen. Verwenden Sie für die Verklebungen der Teile Fixogum. Bestreichen Sie den Karton beidseitig mit Kleber und lassen Sie die Teile ablüften. Kleben Sie dann je Seite ein Päckchen Wabenpapier auf. Dehnen Sie die Päckchen zu voller Länge aus, bestreichen Sie dann die Rotationsachse sowie die zweite Seite mit Fixogum und schließen Sie danach die Figur. Dabei kann es hilfreich sein, mit einem Eisstäbchen oder Falzbein bis in die Mitte der Figur zu fahren, um das Motiv in seiner vollen Tiefe auf der Kartonmittelrippe anzudrücken.

Nahtlosverfahren

Viele Motive werden ohne Kartonmittelrippe, d.h. im Nahtlosverfahren verarbeitet. Kleben Sie hierfür alle Wabenpapierteile mit Fixogum zu einem Päckchen zusammen. Dehnen Sie dieses Päckchen auf volle Länge vor. Verkleben Sie dann die beiden Außenflächen der Figur und lassen Sie das Teil entlang der Rotationsachse zusammenschnappen. Bestreichen Sie eine Stricknadel oder einen langen Holzspieß mit Weißleim und öffnen Sie nochmals leicht die Form. Mit Hilfe des Stabes tragen Sie den Klebstoff nun entlang der Mittelachse ab und pressen den Körper von außen gleichmäßig in Form.

Besondere Hinweise

Haben Sie Schwierigkeiten, die Figur beim Verkleben von oben bis unten zu schließen?
Hier zwei mögliche Ursachen: entweder ist die Menge des Wabenpapiers zu gering, um den Radius zu schließen, oder der Wabenverlauf entspricht nicht der vorgegebenen Schablone. Die Klebelinien müssen bei fast allen Modellen waagerecht oder senkrecht zur Rotationsachse verlaufen, um ein gutes Ergebnis zu erzielen. Kartonteile, die außen auf der Figur befestigt werden, sollten stets mit Weißleim verklebt sein, was eine dauerhafte Verbindung gewährleistet.

Dekorative Frühlingsmotive

Blumentopfparade

Material

- Wabenpapier in Rot, Orange, Weiß, Gelb, Pink
- Fotokarton oder Wellpappe in Grün, Reste in Bunt
- Holz oder Kunststoffstäbe, ca. 10 mm ∅
- Glanzpapier, Gärtnerkrepp in Grün
- evtl. Plakafarbe in Grün
- Styropor oder Modellbauschaum
- Tontöpfe in verschiedenen Größen
- Tongranulat oder Sand

Anleitung

Bei der Herstellung dieser Blumen können Sie Ihrer Phantasie freien Lauf lassen. Alle Schablonen können frei variiert werden und sind in Form und Farbe austauschbar.

Für die große 3-lagige Blume zum Beispiel schneiden Sie je Schablone zweimal rotes, orangefarbenes und gelbes Wabenpapier aus. Verkleben Sie die Farben jeweils zu einem Päckchen und ziehen Sie diese wie eine Ziehharmonika auseinander. Stapeln Sie nun die Teile nacheinander Knick für Knick ineinander und

halten Sie die Rotationslinie unten immer bündig. Bestreichen Sie dann die Längsseiten der Blüte sowie die Mittelachse mit Klebstoff und fächern Sie die Blume auf.
Schneiden Sie aus farbig passendem Karton einen Kreis und kleben Sie diesen auf der Rückseite der Blume mit Weißleim fest. Tragen Sie den Klebstoff spiralförmig auf, da nur die hohen Stege des Wabenpapieres Kontakt zur Kartonscheibe haben. Wenn die Blume freistehend ausfallen soll, erstellen Sie eine zweite Blüte, die Sie auf die Rückseite des Kartons kleben.
Nehmen Sie nun einen Tontopf zur Hand und schneiden Sie einen Styroporklotz entsprechender Größe zu, der den Topf zu ca. 3/4 füllen sollte. Das Zuschneiden lässt sich am leichtesten mit einem Küchenmesser mit Wellenschliff durchführen. Bohren Sie in das Styroporteil mittig ein Loch für den Blumenstängel. Dieser besteht entweder aus einem Kunststoffstab, der mit grünem Glanzpapier beklebt oder mit Gärtnerkrepp umwickelt wird, oder aus einem mit Plakafarbe grün gestrichenen Holzstäbchen. Die mittlerweile getrocknete Blüte wird einfach auf den Stab zwischen Wabenpapier und Karton aufgesteckt. Aus grüner Pappe oder Wellpappe werden dann noch die Blätter hergestellt und gefalzt. Um die Blätter im Topf zu befestigen, sollte der Schaum an den entsprechenden Stellen vorgeschnitten werden. Ist alles fertig montiert? Dann kann das Tongranulat aufgefüllt werden und schon haben Sie eine pflegeleichte Topfblume. Diese Blumen wirken am besten in Gruppen und in unterschiedlichen Größen.

Mein kleiner grüner Kaktus ...

Material

- Wabenpapier in Grün
- Styropor
- 1 Holzstäbchen
- 1 Tontopf
- Tongranulat

Anleitung

Für den Kaktus werden 1 1/2 Teile Wabenpapier in Grün gemäß der Schablone ausgeschnitten. Fügen Sie die Teile nach der Grundanleitung (Teilen von Wabenpapier und Nahtlosverfahren) zusammen und präparieren Sie einen Blumentopf wie bei der Blumentopfparade beschrieben. Stecken Sie ein kurzes Holzstäbchen in den Topf, auf welchem Sie den Kaktus festkleben können. Danach füllen Sie das Tongranulat ein und platzieren Ihre Dekoarbeit auf der Fensterbank.

Kaktusblüte

Material
- Wabenpapier in Orange
- 1 Zahnstocher
- 1 Schablone

Anleitung
Schneiden Sie einmal aus orangefarbenem Material die Blüte aus. Beim Schließen der Blüte wird ein Zahnstocher zur Befestigung des Teiles am Kaktus eingefügt. Zum Schluss wird die Kaktusblüte aufgesetzt.

Osterhase

Material
- Wabenpapier in Braun
- Fotokarton in Dunkelbraun, Reste in Weiß und Beige
- 6 Schablonen
- Filzstift oder Tuscheschreiber in Schwarz

Originalgröße:
20 cm (incl. Ohren) Höhe

Anleitung
Schneiden Sie aus braunem Wabenpapier zweimal den Hasenkörper zu. Fertigen Sie nun aus braunem Karton den Hasenkörper, setzen Sie die Ohrenteile aus beigefarbenem Karton auf die Frontseite und bekleben Sie den Körper mit dem Wabenpapier.
Das Hasengesicht wird aus einem Stück weißen Karton geschnitten und mit einem schwarzen Filz- oder Tuscheschreiber gemäß Schablone angemalt.
Anschließend kleben Sie das Hasengesicht mit Weißleim auf den Hasenkopf.

Tischkarten für das Osterfest

Material
- Wabenpapier in Braun
- Fotokarton in Braun und Weiß, Reste in Schwarz und Gelb
- Wellpappe in Grün
- 6 Schablonen
  Originalgröße: 17,5 cm Länge

Anleitung
Schneiden Sie gemäß der Schablone die Wiese aus grüner Wellpappe aus. Ritzen Sie die Wellpappe vorsichtig ein, sodass nur die obere Lage der Pappe angeschnitten wird.
Fügen Sie auf der Vorder- und, wenn Sie möchten, auf der Rückseite den Ausschnitt für das Namensschild ein und setzen Sie den ausgeschnittenen Kartonhasen vorne links auf die Wellpappe auf. Montieren Sie darauf dann die Hasenfigur, indem Sie die 2 braunen Wabenpapierkörper auf den Karton aufsetzen (siehe Osterhase). Für eine bessere Standfestigkeit biegen Sie die gesamte Karte rund und fügen zum Schluss das beschriftete Namensschild hinzu.

Rund ums Gemüsebeet

Rettich

Material
- Wabenpapier in Weiß
- Fotokarton oder Vivelle in Grün
- Originalgröße: 26,5 cm Höhe
- 2 Schablonen

Anleitung
Schneiden Sie vier Lagen aus weißem Wabenpapier gemäß der Schablonen aus und fügen Sie diese dann zu einem Päckchen zusammen. Da der Rettich am unteren Ende rund ausläuft, ist eine Kartonmittellage nicht erforderlich, kann aber, wie bei der Möhre, eingefügt werden. Die Rübe wird nun im Nahtlosverfahren (S. 9) verklebt. Zum Schluss wird noch der grüne Blattansatz aufgeklebt und fertig ist der erste Radi - dieses Teil eignet sich gut für eine Vesper oder als Dekoration für eine „Bayerische Brotzeit".

Tomaten

Material
- Wabenpapier in Rot
- Vivelle in Grün
- Originalgrößen: 13 cm und 11 cm ∅
- 3 Schablonen

Anleitung
Schneiden Sie gemäß der Schablonen je Tomate zweimal ein rotes Wabenpapier zu. Verkleben Sie die beiden Teile und fügen Sie diese im Nahtlosverfahren (S. 9) zusammen.
Fertigen Sie danach aus grünem Vivelle den Stängelansatz und befestigen Sie ihn mit Weißleim auf dem oberen Ende der Drehachse.

Zwiebeln

Material
- Wabenpapier in Braun oder Weiß
- Originalgrößen:
  8,5 cm und 11 cm Höhe
- 2 Schablonen

Anleitung
Schneiden Sie je Zwiebel 4 Teile Wabenpapier aus und setzen Sie diese in der Nahtlostechnik (S. 9) zusammen. Achten Sie auf einen genauen Kantenabgleich und schließen Sie die Form. Beim Verkleben der Rotationsachse muss unbedingt auf gleichmäßige Außenauffächerung geachtet werden, damit die Figur schön rund wird.

Porree

Material
- Wabenpapier in Weiß und Grün
- Originalgröße: 39 cm Höhe
- 2 Schablonen
- 1 Cutter

Anleitung
Schneiden Sie gemäß der Schablonen je zwei Teile aus weißem und grünem Wabenpapier zu. Achtung: Bei diesen Teilen sind die Abstände der Wabenlinien zur Figur ganz besonders wichtig. Schneiden Sie die langen Schnitte am besten mit einem Cutter und Lineal. Verkleben Sie die Teile zu zwei Päckchen und gleichen Sie nochmals die Kanten

ab. Ziehen Sie nun das grüne Teil auf dem Tisch ganz auseinander und zwar so, dass die kurze gerade Seite der Rotationsachse unten aufliegt. Strecken Sie danach die Waben des Zwiebelkopfes auseinander und legen Sie diese Falte für Falte in die geöffnete Ziehharmonika des grünen Blattwerkes. Die untere Rotationsachse der Zwiebel liegt dann ebenfalls auf dem Tisch auf. Schieben Sie die Figur nun zusammen. Bestreichen Sie die Rotationsachse sowie die Seiten mit Klebstoff und schließen Sie dann den Körper zur Rundung. Fertig ist der erste Porree. Wenn eine Gruppe von zwei oder drei Stangen gearbeitet wird, kann man das Grün beliebig kürzen oder verlängern. Schön wirkt es, wenn Sie verschiedene Grüntöne für das Blattwerk wählen.

Möhren

Material

- Wabenpapier in Orange und Reste in Grün
- Fotokarton in Orange
- Originalgröße ohne Grün: 18,5 cm und 15 cm Länge
- 2 Schablonen

Anleitung

Schneiden Sie zuerst aus orangefarbenem Karton eine Mittellage für die Möhre aus. Doppeln Sie hierfür die Wabenpapierschablone. Je Möhre benötigen Sie noch zwei Wabenpapierteile entsprechender Größen. Kleben Sie dann beidseits des Kartons das Wabenpapier entlang der Mittelachse auf. Schneiden Sie anschließend einen schmalen Streifen aus grünem Wabenpapier ca. 0,5 cm breit quer zur Wabenrichtung in einer Länge von 10 bis 15 cm ab. Beim Auseinanderziehen des Streifens ergibt sich ein feines Netz. Kleben Sie das Netz mit einem Ende oben an der Möhre fest und schließen Sie dann die Figur über die ganze Länge.

Salatgurke

Material
- Wabenpapier in Grün
- Originalgröße: 35 cm Länge
- 1 Schablone

Anleitung
Fertigen Sie eine Schablone für die Gurke an und schneiden Sie danach drei Lagen aus grünem Wabenpapier zu. Achten Sie bei diesem Modell besonders auf den rechtwinkligen Wabenverlauf beim Zuschnitt. Kleben Sie dann ein Päckchen aus zwei Wabenpapierlagen und dehnen Sie dieses langsam vor. Sie werden feststellen, dass das Papier eine starke Widerstandskraft entwickelt. Strecken Sie das Modell auf seine volle Länge und lassen Sie es dann zu einem Halbkreis zusammenschnappen. Am besten lassen Sie die Figur so einige Zeit ruhen, um die Waben an den extrem langen und schmalen Radius zu gewöhnen.
Fügen Sie dann die dritte Wabenpapierlage an, dehnen Sie auch diese nochmals vor und verkleben Sie dann die Figur im Nahtlosverfahren (S. 9). Streichen Sie hierfür jedoch schon vor dem Schließen des Körpers die Rotationsachse mit reichlich Fixogum ein. Aufgrund ihrer Länge ist ein nachträgliches Verkleben der Achse nicht mehr möglich.

Aubergine

Material
- Wabenpapier in Lila und Grün
- Karton in Lila
- Originalgröße: 28,5 cm Höhe
- 2 Schablonen

Anleitung
Schneiden Sie zuerst aus lilafarbenem Karton die Mittelrippe für die Aubergine aus, indem Sie die Wabenpapierschablone doppeln.
Fertigen Sie danach viermal aus lila Wabenpapier die Auberginenfrucht an. Für

den grünen Stängelansatz benötigen Sie ebenfalls vier Zuschnitte.
Fügen Sie je zwei lila Teile zu einem Päckchen zusammen und verarbeiten Sie diese gemäß Grundanleitung. Der Stängel wird im Nahtlosverfahren zusammengesetzt und mit der Innenrundung oben auf der Aubergine verklebt.

Steinpilz und Champignon

Material
- Wabenpapier in Weiß und Hellbraun
- Fotokarton in Weiß
- Originalgröße: 13 cm und 7 cm Höhe
- 3 Schablonen

Anleitung
Schneiden Sie gemäß den Schablonen für den großen Steinpilz eine Mittelrippe aus weißem Karton, vier Hutteile in hellbraunem Wabenpapier und vier Stiele aus weißem Wabenpapier zu. Die kleinen Champignons sind ohne Mittelrippe in der „Nahtlostechnik“ (S. 9) hergestellt. Schneiden Sie pro Pilz zwei Lagen Wabenpapier aus.

Sommerdekoration Froschkonzert

Frösche

Material für den sitzenden Frosch
- Wabenpapier in Grün
- Fotokarton in Grün, Reste in Schwarz, Weiß, Gelb und Rot
- Originalgröße: 13,5 cm Höhe
- 12 Schablonen

Anleitung

Schneiden Sie gemäß den Schablonen aus hellgrünem Wabenpapier zweimal den Grundkörper des Frosches sowie einmal den Körper mit Beinausschnitt aus. Teilen Sie letzteren mittig gemäß Grundanleitung „Teilen von Wabenpapier“ (S. 8) und fügen Sie den Froschkörper im Nahtlosverfahren (S. 9) wie folgt zusammen: ein Grundteil, ein halbes Teil mit Bein, ein Grundteil, ein halbes Teil mit Beinanschnitt. Nun schneiden Sie nach Schablone die weißen Augen mit den schwarz-gelben Pupillen zu und kleben diese laut Abbildung zusammen. Biegen Sie die Augen über die hohe Kante leicht rund, um sie so dem Körper anzupassen.

Das Maul wird aus grünem Karton gefertigt, an den markierten Stellen eingeschnitten und zusammengesteckt. Dabei wölbt sich das Froschmaul weit auf. Vervollständigen Sie das Maul mit

Zunge, Nasenlöchern und Gaumenplatte, welche senkrecht in das Maul auf das Wabenpapier geklebt wird. Zum Schluss schneiden Sie aus grünem Karton die Grundplatte mit den Schwimmfüßen aus (doppeln Sie die Schablone entlang der Mittellinie). Positionieren Sie den Frosch so auf der Grundplatte, dass die Beinanschnitte über den Hinterfüßen liegen und kleben Sie den Frosch mit Weißleim fest.

Material für den springenden Frosch

- Wabenpapier in Grün
- Fotokarton in Grün
- Originalgröße: 19 cm Höhe
- 2 Schablonen

Anleitung

Doppeln Sie die vorgegebene Kartonschablone entlang der Mittellinie und schneiden Sie je Frosch ein Beinpaar aus. Für den Froschbauch benötigen Sie zwei Teile aus grünem Wabenpapier sowie eine Grundplatte, welche Sie durch das Doppeln der Wabenpapierform erhalten. Kleben Sie die Beine mittig auf die Grundplatte und fügen Sie beidseitig ein grünes Wabenpapierteil ein ... fertig ist der springende Frosch, der mit seinem Kopf durch die Tischplatte taucht.

Seerose

Material für die geschlossene Variante
- Wabenpapier in Lila und Grün
- Originalgröße: 9 cm Höhe
- 2 Schablonen

Anleitung

Schneiden Sie zweimal aus lila Wabenpapier die Blüte und aus grünem Papier das Blattwerk zu. Verkleben Sie beide Farben zu Päckchen und schließen Sie dann beide Teile.
Legen Sie das grüne Teil beiseite.
Klappen Sie jetzt die Blüte entlang der Rotationsachse zusammen und fügen Sie mit einem Stäbchen oder einer Stricknadel Klebstoff ein. Schneiden Sie nun jede zweite Spitze der geöffneten Blüte ab, sodass Sie immer eine Vertiefung von 1 1/2 Rhomben erhalten. Verkleben Sie die beiden Restanschnitte nach links und rechts mit Fixogum. Ziehen Sie nun den grünen Wabenpapierring in die Länge und setzen Sie die Blüte in den geöffneten Kreis.
Die komplette Seerose kann dann noch auf einem Seerosenblatt befestigt werden (Motiv S.19).

Material für die offene Variante
- Wabenpapier in Pink, Gelb und Weiß
- Originaldurchmesser: 18 cm
- 3 Schablonen

Anleitung

Verfahren Sie wie im vorhergehenden Textteil zur geschlossenen Variante beschrieben. Schneiden Sie gemäß den Schablonen zwei Teile in Pink, drei Teile in Weiß und vier Teile in Gelb aus. Fügen Sie die Teile zusammen und schneiden Sie wieder jede zweite Spitze der Seerosenblüte außen ab.
Die Rotationsachse der Blüte ist diesmal sehr kurz. Zum Verkleben kann die Seerose, bis der Klebstoff getrocknet ist, in eine leicht gewölbte Schüssel gelegt werden, so erhält man eine besonders gleichmäßige Form. Kombinieren Sie diese Blüten mit Seerosenblättern und geschlossenen Blüten und dekorieren Sie das Ganze zusammen mit einigen Fröschen, so erhalten Sie eine stimmungsvolle sommerliche Tafel mit Teichcharakter.

Käse & Co.

Käsestück

Material

- Wabenpapier in Gelb
- Fotokarton in Gelb
- 1 Schneidezirkel
- Originalgröße: 13 x 16 cm Seitenansicht
- 1 Schablone

Anleitung

Schneiden Sie aus gelbem Karton die Außenseiten des Käses aus. Nehmen Sie nun den Schneidezirkel und entfernen Sie den Karton aus den Käselöchern. Ritzen Sie dann den Karton entlang der Mittellinie ein und falten Sie ihn auf die Hälfte. Fertigen Sie ein entsprechend großes Stück aus gelbem Wabenpapier an und kleben Sie dieses in die Käsehülle. Fahren Sie dann mit einem Cutter unter leichtem Druck an der Innenseite der Käselöcher entlang und entfernen Sie einige Lagen Wabenpapier, damit die Löcher plastischer erscheinen. Schneiden Sie die Löcher unterschiedlich tief von beiden Seiten aus und ziehen Sie das Stück an der offenen Seite in Form - schon können die Mäuse kommen.

Kleine Maus Kalle

Material
- Wabenpapier in Braun
- Fotokarton in Braun, Pink und Schwarz
- dreifach gezwirnte Naturkordel
- Originalgröße: 10,5 cm Länge
- 5 Schablonen

Anleitung

Erstellen Sie die braune Maus entsprechend dem folgenden Beispiel, allerdings mit dem Unterschied, dass für den Mäusekörper nur 1 1/2 Lagen braunes Wabenpapier benötigt werden. Teilen Sie hierfür das Wabenpapier wie unter „Teilen von Wabenpapier" (S.8) beschrieben.

Kasimir Käseschreck

Material
- Wabenpapier in Weiß
- Fotokarton in Weiß, Schwarz und Pink
- dreifach gezwirnte Naturkordel oder Bindfaden
- Originalgröße: 16 cm Länge o. Schwanz
- 5 Schablonen

Anleitung

Schneiden Sie aus weißem Karton gemäß den Schablonen zweimal die großen Ohren und einmal die Grundplatte (entspricht der doppelten Wabenpapierschablone) zu. Außerdem brauchen Sie noch zweimal die schwarzen Augen, die Nase und zweimal die pinkfarbenen Ohrmuscheln. Für den Körper werden zwei weiße Wabenpapierteile zugeschnitten. Verkleben Sie das Wabenpapier gemäß der Grundanleitung auf der Bodenplatte. Fügen Sie dabei hinten die Kordel für den Schwanz ein. Sichern Sie das Schwanzende durch einen Knoten. Setzen Sie dann die beiden Ohren zusammen und kleben Sie diese in den Mausekörper ein. Achten Sie dabei darauf, dass zwischen den Ohren nicht mehr als drei bis vier Waben liegen, da sich das Papier leicht aushängt und die Ohren sonst zu tief hängen. Befestigen Sie anschließend die Mäuseaugen mit Weißleim. Bevor die Nase angeklebt wird, stellen Sie die Tasthaare her. Schneiden Sie ein Stück Kordel ab und machen Sie einen Knoten in die Mitte. Döseln Sie dann die Schnur an beiden Seiten auf und kleben Sie den Knoten auf die Nasenspitze, darauf dann die Kartonnase ... schon kann die erste Maus auf Käsesuche gehen und jede Käseplatte dekorativ ergänzen.

Zirkusleben

Seiltänzerin

Material für die Seiltänzerin
- Wabenpapier in Regenbogenfarben
- Fotokarton in Beige, Reste in Braun, Gelb, Pink, Rot, Grün, Blau und Schwarz
- 1 Kunststoffröhrchen oder 1 Plastikstrohhalm
- Naturkordel
- 1 Papierschirmchen (Partybedarf)
- 1 Zickzackschere

Anleitung

Schneiden Sie aus beigefarbenem Karton den Körper unserer Seilakrobatin aus. Fügen Sie vorne und hinten mit braunem Karton die Haare an und schneiden Sie aus gelbem Karton den Hut zu. Die farbigen Pompons werden einmal, der obere Bommel zweimal zugeschnitten und aufgeklebt.
Ein schwarzer Kartonschnipsel wird als Auge im Gesicht befestigt. Jetzt schneiden Sie noch die Tanzschuhe mit Vorder- und Rückseite aus und befestigen sie an den Füßen. Für das Kleid brauchen Sie zwei Zuschnitte aus Regenbogenwabenpapier. Der untere Kleidersaum wird mit der Zickzackschere geschnitten, um das Kleid noch lebendiger zu gestalten. Kleben Sie das Kleid vorne und hinten auf die Figur. Nehmen Sie nun das Kunststoffröhrchen zur Hand und ziehen Sie es vorne im unteren Drittel waagerecht durch das Kleid (siehe Abbildung). Fädeln Sie dann eine beliebig lange Schnur durch das Röhrchen (die Länge ist abhängig von der Raumhöhe) und verknoten Sie sie am oberen Ende.
Damit die Figur nicht umfällt, schlingen Sie nun die Arme gemäß der Abbildung um das Seil. Stecken Sie in die erhobene Hand das Sonnenschirmchen und schneiden Sie für den anderen Arm zwei Ringe aus Karton zu, die über den ausgestreckten Arm gehängt werden.
Zum Schluss kann noch aus dem bunten Wabenpapier eine Wimpelkette geschnitten werden, die dann am Seil entlang befestigt wird.

Platzkarte Zirkus

Material
- Wabenpapier in Regenbogenfarben
- Karton, farbig passend
- Buntstifte zum Beschriften
- 3 Schablonen
- Originalgröße: 14 cm Höhe

Anleitung

Schneiden Sie gemäß der Schablone für die Blüten S. 10 je Karte zweimal das große Blütenblatt zu. Kürzen Sie das eine Teil am unteren Ende um ca. 1,5 cm und trennen Sie es nach der dritten Lage auf (siehe Teilen von Wabenpapier, S. 8). Kleben Sie den abgetrennten Teil an der Gegenseite des Stückes fest. Verfahren Sie dann wie auf Seite 10 beschrieben: Fächern Sie beide Teile auf und platzieren Sie sie ineinander. Schieben Sie sie dann zu einem Fächer zusammen. Jetzt wird aus farbigem Karton ein Kreis von 9,5 cm Durchmesser geschnitten. Die Kreise können ruhig verschiedene Farben haben, sollten jedoch zur Farbe des Wabenpapiers passen. Ritzen Sie dann eine Falzlinie durch den Mittelpunkt des Kreises. Diese Linie ist auch die Grundlinie für die dann folgende Beschriftung. Beschriften Sie jetzt die Karte und knicken Sie das untere Kreisteil nach hinten. Kleben Sie zuletzt die Doppelrosette auf dem waagerechten Kreisteil fest.

Löwe Leo

Material für den Zirkuslöwen

- Wabenpapier in Gelb
- Fotokarton in Gelb, Beige und Braun, Reste in Schwarz und Weiß
- Graupappe für den Körper
- Zickzackschere
- Originalgröße: 35 cm Höhe
- 18 Schablonen

Anleitung

Schneiden Sie zuerst aus Graupappe den Löwenkörper aus. Da die spätere Mähne einiges an Gewicht hat, wird diesmal eine stabile Mittellage benötigt. Nach der gleichen Schablonenform werden dann vier Körperteile aus gelbem Wabenpapier ausgeschnitten und zu zwei Päckchen verklebt.

Schneiden Sie jetzt erst die Mähne in Beige, Hellbraun, Gelb, Beige und Gelb zu. Es gibt drei verschiedene Größen der Mähne, die größte gehört in die Mitte. Die Außenkontur der Teile wird mit der Zickzackschere geschnitten. Schneiden Sie dann von den Zacken aus jeweils zur Mitte hin die gesamte Mähne ein und lassen Sie immer ca. 1 cm zur Mitte hin stehen. Danach wird die Mähne gemäß Abbildung zusammengeklebt und auf der Graupappe mit Leim fixiert.

Fügen Sie jetzt die vorbereiteten Körperteile wie in der Grundanleitung S. 6 beschrieben an und schließen Sie die Figur. Für das Löwengesicht schneiden Sie sämtliche Teile gemäß Plan nach Schablone aus und setzen diese wie folgt zusammen:

Das Löwengesicht in Weiß ist die Grundplatte, auf die die Augen, Nase und Brauen geklebt werden. Das Doppelkinn wird unter der Gesichtsplatte befestigt. Genauso wie die Mähne werden die Teile mit der Zickzackschere ausgeschnitten und dann radial eingeschnitten. Wenn das Löwengesicht komplett ist, wird es vorsichtig insgesamt rund gebogen, um es dem Wabenpapierkopf anzupassen.

Das Gesicht wird mit Weißleim angeklebt und dann werden die Ohren vor der Mähne positioniert. Damit der Löwe auch genügend Standfestigkeit erhält, muss beim Ausschneiden der Beine ein Teil der Pfoten entlang der Falzlinie eingeknickt werden.

Nachdem Sie die Krallen auf die Pfoten montiert haben, kleben Sie die Beine am Körper fest.

Zum Schluss schneiden Sie noch den Schwanz mit der doppelten Quaste zu und leimen ihn an einer der hinteren Waben ein. Der Schwanz kann dann nach Belieben etwas in Form gebogen werden.

Gespenster & Co.

Einladungskarte „Gespensterfest"

Material
- Wabenpapier in Weiß
- Fotokarton in Schwarz, Weiß, Gelb
- 5 Schablonen
- Originalgröße: 22 x 11 cm (Umschlaggröße)

Anleitung

Schneiden Sie pro Einladungskarte je einen weißen Karton von 10 x 22,5 cm zu. Anschließend fertigen Sie aus schwarzem Karton die Burgsilhouette an und schneiden die Mittelrippe des Gespenstes aus weißem Karton zu. Ritzen Sie in beide Teile den Doppelfalz gemäß der Schablone. Kleben Sie dann das Gespenst in die Burg und den weißen Karton rechts hinter die Burg. Schneiden Sie das Gespenst einmal aus weißem Wabenpapier zu und kleben Sie es in die Gespensterschablone ein. Beim Öffnen der Karte erscheint nun das Gespenst. Achtung: Die Augen sollten Sie senkrecht in die Waben kleben, die Karte lässt sich sonst nicht schließen! Je nach Textmenge kann oben im weißen Teil noch ein gelber Mond eingeklebt werden.

Tipp: Auf dem schwarzen Karton kann man gut mit weißem oder neongelbem Buntstift schreiben. Verschicken Sie die Einladungen in gelben oder schwarzen Umschlägen ... viel Spaß beim Feiern.

Platzkarte „Gespensterfest“

Material
- Wabenpapier in Weiß
- Fotokarton in Schwarz und Weiß
- 4 Schablonen
- Originalgröße: Länge ca. 22 cm

Anleitung
Schneiden Sie je Platzkarte einmal die Burgruine in Schwarz sowie den Gespensterkörper und das Namensschild aus weißem Karton zu. Knicken Sie die Burg viermal gegen den Uhrzeigersinn und kleben Sie die hohe Kante hinten an der Karte fest. Fertigen Sie nun noch ein Gespenst (siehe Mobile) an und befestigen Sie es an der linken Kartenseite, fertig ist die erste Platzkarte.
Beschriften Sie das Namensschild vielleicht zusätzlich mit Phantasietiteln wie Graf ..., Ritter ..., Edelfrau .... Im Turm kann zusätzlich eine kleine Überraschung für die jugendlichen Teilnehmer der Gespensterparty versteckt werden.

Mobile Gespensterburg

Material
- Wabenpapier in Weiß und Schwarz
- Fotokarton in Hell- und Dunkelbeige, Dunkelbraun, Grün, Schwarz, Weiß und Rot
- für die Aufhängung Nylonfaden und Mobilestangen
- Hilfsmittel: eventuell kariertes Papier zur Herstellung der Burgzinnen
- 15 Schablonen
- Originalgrößen: Gespenst 11 cm, Burg 18 cm Höhe

Anleitung
Übertragen Sie die Schnittmusterteile auf die verschiedenen Materialien wie abgebildet. Fertigen Sie einmal die Burg aus hellbeigem Karton an. Die weiteren Details die Burg betreffend werden nach Farben gemäß Abbildung zweimal hergestellt. Die beiden Flügel des Burgtores ritzen Sie vor dem Aufkleben mit dem Cutter ein und falten sie. Die restlichen Teile werden vorne und hinten spiegelbildlich montiert.
Zum Herstellen der Burgzinnen kann anstatt der Schablone auch folgender Trick angewandt werden: Bekleben Sie den Karton rückseitig mit kariertem Papier und schneiden Sie dann gemäß der Zeichnung jedes zweite Kästchen weg. Am einfachsten lässt sich dies mit dem Cutter ausführen, indem man erst die waagerechten und dann die senkrechten zur Streifenlängskante verlaufenden Schnitte vornimmt.
Pro Gespenst benötigen Sie eine Mittellage Karton sowie zwei Teile aus Waben-

papier. Schneiden Sie das Gespenst aus und bohren Sie jetzt schon ein Loch für die spätere Aufhängung in den Karton. Befestigen Sie den Nylonfaden und kleben Sie dann auf beiden Seiten das Wabenpapier auf. Versehen Sie das Gespenst wahlweise mit ein oder zwei Paar Augen auf der Vorder- und Rückseite des Motives (Kinder erkennen das Gespenst besonders an den großen Augen).

„Tierische“ Motive

Der schwarze Kater

Material
- Wabenpapier in Schwarz
- Fotokarton in Schwarz, Weiß, Pink und Gelb
- Originalgröße: 28 cm Höhe
- 4 Schablonen

Anleitung
Für die Katze benutzen Sie bitte die gleiche Schablone für den Körper wie für den Löwen. Die Mittelrippe muss diesmal jedoch nur aus schwarzem Karton sein, da die Mähne entfällt. Nachdem Sie den Katzenkörper (siehe Beschreibung Löwe S. 26) fertiggestellt haben, schneiden Sie alle übrigen zur Katze gehörenden Kartonteile in den jeweiligen Farben gemäß Abbildung aus. Das weiße Grundteil ist wieder die Basis für die Montage des Katzengesichtes. Kleben Sie hierauf die Augen und die Nase. Die Wimpern werden hinter den Augen angeklebt, ebenso das Maul mit der Zunge. Die schwarzen Punkte mit den Tasthaaren werden erst nach der Montage des Katzengesichtes am Körper angesetzt. Verfahren Sie dabei wie unter „Löwe“ beschrieben. Befestigen Sie dann das Bauchfell auf dem Körper, wobei dieses ebenfalls leicht gebogen wird. Zum Schluss werden die Beine und der Schwanz angeklebt sowie die Ohren an Ort und Stelle gebracht - fertig ist der „schwarze Peter“.

Glücksschweinchen „Piggi Pink“

Material

- Wabenpapier in Pink
- Fotokarton in Pink, Reste in Schwarz und Weiß
- 8 Schablonen
- Originalgröße: ca. 14 cm Länge

Anleitung

Schneiden Sie aus pinkfarbenem Wabenpapier zweimal den halben Schweinekörper zu.
Fertigen Sie dann aus pinkfarbenem Karton die Mittelrippe, zwei Ohren, einen Kreis für die Schweineschnauze sowie den Ringelschwanz. Hierfür einen Kreis von 3,5 cm Durchmesser zur Mitte hin in einer Spirale von ca. 5 mm Stegbreite aufschneiden. Vier kleine Kreise aus schwarzem Karton ausschneiden.
Davon zwei auf die Nase kleben, zwei laut Schablone einkerben und mit weißem Karton hinterlegen.
Ritzen Sie für die Beine die vier Streifen von pinkfarbenem Karton einmal mit dem Cutter ein und falten Sie sie.
Kleben Sie nun das Schwein gemäß Grundanleitung zusammen und stecken Sie die vier Beine vorne und hinten schräg unter den Körper.
Wenn Sie die optimale Rippe gefunden haben, einfach alle Teile mit Weißleim festkleben.